LA

RÉPUBLIQUE ARMÉNIENNE

et ses Voisins

QUESTIONS TERRITORIALES

PAR

LA DÉLÉGATION DE LA

RÉPUBLIQUE ARMÉNIENNE

PARIS = 1919

Table des Matières

PRÉFACE

Certaines régions de l'Arménie Caucasienne sont contestées par nos voisins, les Georgiens et les Tartares. Tandis que le Gouvernement de la République Arménienne attend, avec patience et confiance, la décision de la Conférence de la Paix, notre voisine, la République de l'Azerbaidjian, cherche à mettre les Alliés devant un fait accompli.

Conformément à la décision du Haut Commandement Britannique, le Gouvernement Arménien a, dès le mois de Décembre, arrêté tous les mouvements de son armée; par contre le Gouvernement de l'Azerbaidjian a mis en marche ses troupes vers le Karabagh Arménien et a occupé des régions qui font incontestablement partie de notre territoire. Conjointement à cette occupation, le Gouvernement de l'Azerbaidjian a, par un acte officiel, proclamé l'annexion de ces régions occupées et y a envoyé un Gouverneur Général.

L'Assemblée Nationale Arménienne de Karabagh, réunie à Choucha le 19 Février, a repoussé avec une légitime indignation toute prétention de l'Azerbaidjian au sujet du Karabagh Arménien, que ladite Assemblée a déclaré comme faisant partie intégrante de l'Arménie en vertu même du principe des nationalités proclamé tant de fois par les puissances de l'Entente.

Nous constatons avec le plus vif regret que le Haut Commandement des Alliés au Caucase a donné son assentiment à la nomination de ce Gouverneur Général tout en déclarant qu'il ne s'agit là que d'un arrangement temporaire et que la fixation définitive des frontières dépend entièrement de la Conférence de la Paix.

Il nous est infiniment douloureux d'apprendre qu'un territoire ayant de tout temps appartenu à l'Arménie et englobant une forte majorité arménienne, soit livré, ne fut-ce que provisoirement à une administration étrangère et profondément hostile à l'élément arménien. En effet, le Karabagh Arménien, les districts montagneux d'Elisavetpol, de Kazakh et Zanguezour ont une population globale de 188.000 habitants ; de ce nombre 355.000 sont Arméniens ; 11.000 autres chrétiens et seulement 122.000 Musulmans, Tartares, Kurdes, etc... En dehors de ces considérations ethnographiques, il est à remarquer que cette contrée forme une partie indivisible de l'Arménie, étant la prolongation immédiate du haut plateau arménien, avec la même formation physique et géologique, la même culture et la même histoire et formant, d'autre part, les remparts défensifs naturels de l'Arménie contre une invasion touranienne. Toutes ces questions sont minutieusement exposées dans les rapports joints ci-dessus qui démontrent d'une façon palpable que la province de Karabagh et les districts adjacents ainsi que la Vallée de l'Arax jusqu'à Zanguezour, ne peuvent en aucune façon être incorporés à un autre Etat.

De même, la province d'Akhalkalak et la partie arménienne de la province de Bortchalou, qui ont été occupées par nos voisins Georgiens, contrairement au vœu de l'immense majorité de la population, doivent revenir à l'Arménie. Dans ces deux régions il y a 146.000 Arméniens, 19.000 musulmans et seulement 8.500 Georgiens. Le reste est composé d'autres éléments chrétiens. On sait qu'en décembre dernier la population arménienne de Lori (la partie arménienne de Bortchalou) ne pouvant tolérer les méfaits de l'administration georgienne, s'est révoltée contre elle, ce qui provoqua des représailles sanglantes de la part du Gouvernement Georgien et amena un conflit armé entre les deux Républiques. Les explications détaillées sur les deux régions en question sont données aussi dans un des rapports qui suivent.

Le peuple arménien qui, pendant les années terribles de la guerre et au prix des plus grands sacrifices, a résisté aux offensives directes et indirectes des Tartares, des Turcs et des Allemands et combattu à côté des Alliés pour la cause du droit et pour la défense de son sol natal, continue encore aujourd'hui la même lutte dans des conditions extrêmement difficiles avec la ferme conviction que la Conférence de la Paix fera justice à ses droits imprescriptibles.

Au nom de nos populations si éprouvées, nous avons le devoir de prévenir respectueusement la Conférence de la Paix que toute solution arbitraire qui sacrifierait les légitimes aspirations arméniennes deviendrait dans l'avenir une source de nouveaux conflits et de convulsions perpétuelles.

I

LE KARABAGH ARMÉNIEN PARTIE INTÉGRANTE DE L'ARMÉNIE

Frontières, Considérations Géographiques et Économiques

Nous abordons maintenant la question de frontières à établir entre la République de l'Arménie et celle de l'Aderbeidjan.

D'après le principe etnographique, qui est la base de cette délimitation, la frontière suit essentiellement la ligne qui sépare la zone des plaines de celle des régions montagneuses. Elle commence près du village arménien Balakend (district de Kazakh), là où prend fin la frontière arméno-georgienne et suit la direction approximative E.S.E., jusqu'aux villages arméniens de Tchaily (8 kilomètres ouest de *Terter*) en passant à 7/8 kilomètres à l'est de cette dernière. Sur tout le parcours sus-indiqué, la frontière forme une quantité de poches, soit vers le Nord, soit vers le Sud, en suivant rigoureusement la ligne de partage etnographique qui sépare les contrées peuplées d'Arméniens de celles dont la population est en majorité Tartare.

A partir du village arménien de Tchaily, la frontière fléchit nettement vers le Sud jusqu'à la montagne d'Askeran, là où commence une grande poche qui le long du sommet des montagnes *Plou-Tapa* et *Argiunach* descend vers le village de *Khalaglou* 2 kilomètres au nord de la ville de *Djebrail*) et de là remonte vers le Nord-Ouest jusqu'au sommet de la montagne *Grand-Kirs*, où la poche prend fin. De là, la frontière se dirige vers le Sud-Ouest, le long de la rivière *Milkhalev*, touche à la montagne *Mazmazak*, forme une petite poche vers l'Ouest jusqu'à la montagne de *Guenertadache* et descend vers la frontière persane (le cours de l'*Arax*) en passant par les montagnes *Kara-Schalvar* et *Sagyrt*.

La partie montagneuse des districts de Kariaghine et de Zanguezour est attribuée à l'Arménie et les plaines aux Tartares ; cette délimitation découle des considérations ethnographiques.

La frontière entre la République de l'Arménie et celle de l'Aderbeidjan est délimitée de la manière sus-indiquée. Elle sépare les basses steppes du Gouvernement d'*Elizavetpol* peuplées de Tartares des pays montagneux habités par les Arméniens.

Pourtant, les parties Sud-Est des districts de Zanguezour et de Kariaguine, quoique situées dans la région des montagnes, doivent être réunies à l'Aderbeidjan, car la majorité de la population de ces pays est d'origine Tartare. Le territoire composé des parties montagneuses de Zanguezour, de Karabagh, de Gandzak (Elizavetpol) et de Kazakh est peuplé d'Arméniens et situé immédiatement à l'Est et au Nord-Est du Gouvernement d'Erivan ; ce Gouvernement forme la partie centrale de la République de l'Arménie d'aujourd'hui.

La partie arménienne du Gouvernement d'Elizavetpol est située sur les versants Est et Nord-Est des montagnes de Shahdag, Mourghouz, Gandmine et Ghéok-Tchaï (dont la chaîne, ligne de partage des eaux, sert de frontière au Gouvernement d'Erivan) ainsi que sur les embranchements de la chaîne de Karabagh. L'altitude de ces régions varie entre 500 et 5.200 mètres au-dessus du niveau de la mer ; à partir de 2.500 mètres d'altitude la neige ne fond jamais et le climat ressemble à celui des contrées polaires. Dans la zone qui s'étend de 1.900 jusqu'à 2.500 mètres d'altitude, nous trouvons des pâturages alpins où le froid ne permet pas la culture du blé ; encore plus bas se trouve une zone où le climat est tempéré et correspond à celui de l'Europe centrale ; les habitants de cette zône sont sédentaires et s'adonnent à la culture de blé et à l'élevage. Le territoire arménien ne possède de ce côté qu'une partie comparativement insignifiante de la zône de 900 à 500 mètres d'altitude qui offre tous les avantages du climat chaud-tempéré ; là se laissent cultiver la vigne et quelques arbres fruitiers.

Encore plus bas, commence la zône subtropicale, pourvue d'une irrigation artificielle, où on cultive le coton et différentes plantes de prix ; cette zone d'un bout à l'autre fait partie de l'Aderbeidjan ; les Tartares y forment la majorité absolue.

Le sol de la plaine d'Aderbeidjan est extrêmement fertile et riche ; par contre, le sol de la région des montagnes, qui appartient aux Arméniens, est presque partout peu fertile ; l'irrigation n'y est guère praticable.

Les données naturelles climatiques et oréographiques énumérées ci-dessus sont la base de la vie économique de la population arménienne de ces contrées. Depuis 25 siècles cette population arménienne, comme celle des autres parties de l'Arménie, est sédentaire et s'adonne à l'agriculture. La grande tragédie de la vie arménienne, est la lutte séculaire pour la défense d'une culture essentiellement agricole contre les races nomades : cette lutte a conservé toute son âpreté même de nos jours ; elle entrave le progrès de la technique agricole et paralyse la vie économique de tout un pays. Les nomades éleveurs de bétail qui passent l'hiver dans les steppes basses de la République de l'Aderbeidjan d'aujourd'hui (les gouvernements d'Elizavetpol et de Bakou) ont été de tout temps attirés vers les pâturages alpins situés à l'altitude de 1.900 à 2.500 mètres au-dessus du niveau de la mer, au centre même des régions peuplées d'Arméniens.

Dans une partie de ces plaines fertiles de l'Aderbeidjan on a organisé depuis 20 à 25 ans une irrigation artificielle qui a rendu la prospérité économique aux habitants : l'agriculture y est dans un état florissant ; coton, arbres fruitiers, plantes subtropicales y sont cultivées avec succès. L'autre partie, dépourvue d'irrigation, dont la superficie représente approximativement 785.000 hectares, sert de pâturage d'hiver aux troupeaux des Tartares nomades.

Au printemps, aussitôt que l'herbe sous l'action de la chaleur commence à se dessécher, les Tartares se préparent à migrer avec leurs troupeaux vers les pâturages alpins. La plus grande partie des troupeaux se dirige vers les versants de la grande chaîne du Caucase dans les limites de l'Aderbeidjan et du Daghestan : d'autres émigrent vers les montagnes de Karabagh et de Zanguezour en Arménie. Ces centaines de milliers de bétail affamé passent à travers les villages arméniens, à travers les terres ensemencées et les champs de blé.

La population locale, composée d'agriculteurs arméniens, voit dans cette migration de bétail un fléau contre lequel il est nécessaire de se défendre les armes à la main. Les agriculteurs se préparent donc à la lutte et s'arment. A l'aspect de la verdure fraîche, les troupeaux affamés s'y jettent avec avidité et une guerre en règle commence alors entre les nomades et les agriculteurs.

Ces conflits perpétuels entre nomades et agriculteurs recommençant à chaque printemps et à chaque automne, ne font qu'intensifier la haine que nourrissent les nomades musulmans à l'égard des cultivateurs arméniens.

Cette lutte dont l'origine était purement économique s'est compliquée peu à peu de considérations religieuses et nationales ; depuis la seconde moitié du dix-neuvième siècle, elle revêt un caractère politique et sur ce terrain-là, organisée, âpre et implacable, elle sévit entre les Arméniens et les Tartares.

La libération du cultivateur arménien des invasions périodiques des nomades avec leurs troupeaux affamés est une condition *sine qua non* de la renaissance politique et économique de l'Arménie.

Les représentants de l'Aderbeidjan, en discutant la question des nomades, s'efforcent à démontrer la nécessité de cette migration qui, d'après eux, s'impose à la population musulmane des steppes : car, disent-ils, de cette façon non seulement les nomades procurent de la nourriture à leur bétail, mais aussi combattent la malaria qui, s'ils restaient dans la plaine pendant l'été, feraient des ravages parmi eux. En se basant sur cette argumentation, les représentants de l'Aderbeidjan réclament la réunion à l'Aderbeidjan d'un pays qu'habitent plus de 355.000 Arméniens (contre 122.000 musulmans). L'argument est peu probant, puisque la science connaît d'autres méthodes pour combattre la malaria.

L'élevage nomade répond si peu aux exigences de nos jours que la population tartare elle-même, ainsi que nous l'avons indiqué ci-dessus, commence à le comprendre et à organiser, depuis vingt-cinq ans, l'irrigation artificielle de la plaine ; elle devient peu à peu sédentaire et s'occupe d'agriculture (surtout de la culture du coton) sur le même terrain qui autrefois avait servi de pâturage d'hiver au bétail. C'est la pratique qui leur a démontré que l'agriculture à formes fixes rapporte plus que l'élevage nomade. Ces nomades ne craignent même plus la malaria.

Les considérations de l'économie d'Etat et celles du progrès général d'un pays exigent que les pâturages alpins soient exploités par la population même qui habite la zone alpine ou les régions à la proximité. Personne ne saurait le mettre en doute car c'est l'expérience des pays civilisés de l'Europe.

Jetons maintenant un coup d'œil sur les chiffres. Les pâturages de Karabagh et de Zanguezour qui forment le sujet de la controverse entre les deux Républiques ont une superficie approximative de 300.000 dessiatines (327.000 hectares). En mettant de côté les terrains inutilisables ou stériles ainsi que ceux qui sont exploités par la population locale, nous obtenons à peu près 108.000 hectares. Cette superficie représente la terrain utilisé par les Tartares nomades de l'Aderbeidjan.

D'après les recherches scientifiques, il a été établi qu'une dessiatine (1 ¼ hectare) de pâturages alpins de la Transcaucasie ne peut nourrir qu'une pièce de gros bétail à cornes ou 5 pièces de petit bétail pendant trois mois. Par conséquent, tout le problème se réduit à la question de trouver des pâturages pour 100.000 pièces de gros bétail ou 500.000 brebis pendant 3 ou 4 mois. Peut-on reconnaître à cet argument une valeur quelconque quand il s'agit de la libération de petits peuples opprimés ?

Mais admettons pour un instant que le problème de la pâture pour 500.000 brebis ait une importance économique primordiale pour la population de l'Aderbeidjan. Dans ce cas, qu'il nous soit permis de rappeler qu'il y a des territoires considérables qui ne sont que peu utilisés comme pâturages d'été. Il y en a même qui sont tout à fait libres, notamment sur les versants du Grand Massif du Caucase ; ces territoires sont situés dans les limites mêmes de la République de l'Aderbeidjan ; il s'agit avant tout des pâturages devenus vacants après le départ de 200.000 émigrants russes.

Si enfin l'établissement sur des pâturages nouveaux des nomades qui jusqu'ici ont migré avec leurs troupeaux sur les pâturages de Karabagh et de Zanguezour devait offrir quelques difficultés d'ordre pratique, le Gouvernement arménien se déclare prêt à faire des concessions au Gouvernement de l'Aderbeidjan pour assurer les intérêts économiques du peuple tartare, mais ces intérêts ne nécessitent nullement la réunion à l'Aderbeidjan de toute une province entièrement arménienne.

II

LE KARABAGH AU POINT DE VUE HISTORIQUE ET ETNOGRAPHIQUE

En dehors des considérations géographiques et économiques, le Karabagh forme, avec la région montagneuse d'Elisavetpol et de Zanguezour, partie intégrante des territoires de la République d'Arménie pour des raisons d'ordre historique, stratégique et ethnographique que nous allons exposer.

Considérations historiques. — Depuis que l'histoire de l'Arménie nous est connue, avant même notre ère, Karabagh a figuré comme partie essentielle de l'Arménie sous le nom de trois provinces : *Siounik*, *Artzakh* et *Outik*. La vie nationale y a toujours été très intense, un esprit national tout distinct s'y est élaboré au cours des siècles, et à maintes reprises Karabagh a présidé aux destinées de l'Arménie. C'est une des contrées arméniennes dont la population a toujours gardé une fidélité inébranlable à la patrie ; elle est restée pure de tout mélange avec les peuples voisins et elle a rarement émigré. Les siècles se sont succédés et le caractère national ainsi que la physionomie morale de cette population sont restés intacts jusqu'à nos jours, en dépit des invasions et des assauts perpétuels des races étrangères.

Uni par les liens géographiques et topographiques au haut plateau arménien, le Karabagh y est attaché aussi par son histoire et sa civilisation. Il forme avec les populations de l'Ararat une seule famille, de mêmes race et religion et ayant les mêmes traditions. Les tombeaux et autres vestiges historiques découverts par les savants prouvent que depuis les temps immémoriaux la culture de ce pays a été, par le groupement ethnographique de son peuple, identique avec la culture de l'ancien Van.

Lorsque certaines parties de l'Arménie ont succombé sous les assauts des hordes venues de l'Asie Centrale, l'idée de l'indépendance et de l'unité arméniennes s'est concentrée dans le Karabagh ; c'est alors que des principautés indépendantes ou semi-indépendantes se sont formées dans cette région montagneuse ; elles sont connues dans l'histoire sous le nom de „Mélik du Karabagh". Ces principautés ont été au cours des XVIe, XVIIe et XVIIIe siècle, le dernier refuge de l'idée nationale arménienne. L'union des principautés du Karabagh, d'accord avec le Catholicossat Arménien d'Etchmiadzine, a engagé des négociations diplomatiques, d'abord avec l'Europe et ensuite avec la Russie. L'histoire de cette période est pleine d'épopées héroïques et de luttes interminables qui font la gloire du peuple arménien. Ces luttes ont continué jusqu'au jour où le Karabagh est passé définitivement sous la domination russe. La Russie avait promis, au début, de reconnaître l'indépendance des „Méliks Arméniens", mais dans la suite s'est soustraite à ces engagements, ce qui a provoqué, depuis lors, des protestations contre le régime russe.

Considérations stratégiques. — Les frontières Nord-Est de l'Arménie intégrale resteraient sans défense si le Karabagh n'en faisait pas partie. Une invasion quelconque, une fois arrivée aux montagnes du Karabagh, gagnerait sans aucun obstacle le cœur même de l'Arménie. Les montagnes du Karabagh sont les murailles de fer qui donnent accès à l'intérieur et dont la possession serait une menace perpétuelle pour l'indépendance naissante de l'Arménie. C'est une situation de fait, issue des conditions géographiques et topographiques du pays. Le Karabagh est la prolongation directe du haut plateau arménien, dont il forme la défense naturelle et stratégique. C'est un fait confirmé aussi par les événements historiques. Les luttes auxquelles nous avons fait allusion démontrent clairement à quel point le Karabagh est indispensable à la défense de toute l'Arménie. Lors même que diverses parties de notre pays ont été soumises par les assaillants, le Karabagh est toujours resté inconquis. Détacher ce pays de l'Arménie, serait non seulement briser son unité physique et géographique et fractionner l'ensemble de sa culture, mais aussi livrer l'Arménie sans défense aux invasions étrangères. Le monde a constaté au cours de la Grande Guerre que la nation arménienne est un admirable rempart contre le pantouranisme agressif. Or, du côté de la Transcaucasie Orientale, du Daghestan et des plaines caspiennes, un péril perpétuel menace l'Arménie, ces régions musulmanes ayant toujours l'irrésistible tendance de s'unir aux Turcs de l'Asie Mineure pour former un monde musulman compact. Livrer le Karabagh aux fanatiques pantouraniens serait ouvrir la porte, dans l'avenir, aux invasions sans fin, mettre en danger la paix de l'Orient et ébranler les bases mêmes d'un équilibre politique. Ce rôle défensif du Karabagh a été mis en relief particulièrement lors de la dernière invasion turque au Caucase. Au printemps de 1918, l'armée de Nouri Pacha n'a pas pu pénétrer le Karabagh où la population arménienne, après une résistance héroïque et victorieuse est parvenue à organiser un gouvernement arménien local.

Considérations ethnographiques. — Le Gouvernement Russe a eu pour tradition, depuis la conquête du Caucase, de créer des divisions administratives telles que les populations tartares et arméniennes s'y trouvent mêlées et enchevêtrées, de manière à ne pas former des groupements ethniques homogènes et de ne pas entretenir des velléités nationales. Ainsi, il a réuni des plaines à des régions montagneuses, des milieux géographiques et physiques tout à fait différents, des cultures et des mœurs antagonistes. Il est d'une impérieuse nécessité de corriger cette œuvre artificielle de l'autocratie russe, produit de la fameuse maxime *Divide e imperial*.

Il y a là deux races et deux peuples foncièrement différents : l'Arménien et le Tartare. L'Arménien habite la montagne, le Tartare la plaine. La région montagneuse, patrie séculaire de l'Arménien, est la prolongation directe des contrées montagneuses d'Elisavetpol et de Kazakh ainsi que de Sevan, du pays de l'Ararat, bref du haut plateau arménien.

La population de ces hautes régions est en grande majorité arménienne. Ainsi, dans les districts montagneux d'Elisavetpol, de Djévanchir, de Choucha et de Kariaguin, il y a une population de 199.000 Arméniens. En ce qui concerne les communes musulmanes de Gulablou et de Kadjer, qui se sont établies sur les premières marches des montagnes du Karabagh, elles ne figurent pas sur nos cartes dans l'Arménie, mais font partie de l'Aderbeidjan.

Une partie du district de Kariaguin, d'une superficie de 120 kmc., est réunie à l'Arménie parce que, en premier lieu, elle fait partie de l'ensemble géographique du Karabagh, et en second lieu, surtout, parce que la population en est exclusivement arménienne (22.000 habitants).

Voilà donc la partie centrale du Karabagh à laquelle se joignent deux districts, d'un côté la partie montagneuse de Kazakh et de l'autre le Zanguezour. Là aussi l'élément arménien prédomine ; ainsi, dans le district montagneux de Kazakh il y a une population de 72.000 habitants, dont 61.000 Arméniens, 9.000 Musulmans et 2.000 de divers éléments.

Dans le district également montagneux de Zanguezour, il y a une population de 150.000 habitants dont 100.000 Arméniens et 50.000 Musulmans. Il y a donc dans les six districts montagneux de Kazakh, d'Elisavetpol, de Choucha, de Djévanchir, de Kariaguin et Zanguezour une population totale de 188.000 habitants, dont 355.000 Arméniens et 122.000 Musulmans.

Ainsi, les frontières Nord-Est de l'Arménie commencent par la région montagneuse de Kazakh, traversent le Karabagh et descendent par Zanguezour jusqu'à l'Arax, frontière persane. Tout le territoire à l'ouest de cette ligne traversant la vallée de l'Arax, appartient à l'Arménie et en forme une partie intégrante.

Les considérations physiques, géographiques, historiques, stratégiques et surtout ethnographiques démontrent donc que ces contrées sont évidemment arméniennes. Le Gouvernement de l'Arménie ne pourra en aucun cas admettre que ces contrées soient détachées de l'organisme arménien et deviennent la possession des races contre les invasions desquelles le peuple arménien a dû mener une lutte séculaire et âpre pour la liberté et la civilisation.

D'ailleurs, l'Assemblée Générale des Arméniens du Karabagh réunie dans la capitale de Choucha le 19 Février 1919, a rejeté avec une indignation légitime toute revendication de l'Aderbeidjan concernantle Karabagh arménien que ladite assemblée a déclaré partie intégrante de l'Arménie, en vertu même des principes des nationalités proclamées tant de fois par les Puissances de l'Entente.

L'Assemblée a chargé la Délégation de la République de l'Arménie de porter cette décision à la connaissance des Alliée.

Au nom de nos populations martyrisées, nous avons le devoir d'avertir respectueusement la Conférence de la Paix que toute solution contraire aux légitimes aspirations arméniennes deviendrait une source de nouvelles convulsions et des troubles perpétuels.

III

LA VALLÉE DE L'ARAX JUSQU'A ZANGUEZOUR

(les districts de Sourmalou, de Charour et de Nakhitchevan), partie intégrante et indivisible de l'Arménie.

La République de l'Aderbeidjan, dont le territoire s'étend d'Elisavetpol jusqu'à la péninsule d'Apscheron et des abords de Karabagh jusqu'à la mer Caspienne s'efforce de se faire attribuer également les districts de Nakhitchevan et de Charour.

Elle fonde ces revendications sur le fait que dans certaines parties de ces districts l'élément musulman forme une majorité insignifiante. Mais une analyse plus ou moins impartiale de cette question est à même de nous démontrer que les revendications de l'Aderbeidjan ne peuvent faire valoir aucun argument vraiment digne de ce nom et que les districts sus-nommés forment une partie indivisible et intégrante de l'Arménie.

1. Tout d'abord, jetons un coup d'œil sur les frontières litigieuses. Nous avons déjà démontré plus haut, en traitant la question du Karabagh, que la frontière N. E. de l'Arménie devrait être formée par la partie montagneuse d'Elisavetpol, par le Karabagh arménien et Zanguezour. Ces régions constituent la prolongation immédiate et directe des hauts plateaux arméniens : elles présentent les mêmes traits physiques, les mêmes conditions économiques, la même civilisation ; elles sont enfin habitées par le même peuple. Le Karabagh arménien, la partie montagneuse d'Elisavetpol et Zanguezour en même temps qu'ils forment une partie indivisible de l'Arménie, sont un rempart naturel contre les invasions toujours possibles des Tartares du désert de Moughan, des pays Caspiens et du Turkestan.

Ces régions sont habitées par une population arménienne de 294.000, le nombre de Musulmans n'y est que de 113.000. Toutes ces considérations démontrent d'une manière incontestable que les régions suivantes devraient former la zone-frontière entre l'Arménie et l'Aderbeidjan : le Kazakh arménien, la partie montagneuse d'Elisavetpol, le Karabagh arménien, la partie montagneuse de Zanguezour jusqu'à la rivière de l'Arax, frontière Persane. Tout ce qui se trouve à l'ouest de cette ligne appartient non pas à l'Aderbaidjan, mais à l'Arménie. Or, les provinces de Charour et de Nakhitchevan se trouvent à l'ouest de cette ligne, de façon que si l'Aderbaidjan parvenait à prendre possession de Nakhitchevan et de Charour, du même coup il serait également le maître du Zanguezour et du Karabagh Arménien. Ce serait l'abandon de provinces sous tous les rapports purement arméniennes, provinces qui ne sauraient être cédées ni à l'Aderbaidjan ni à aucun autre gouvernement. En fait, un coup d'œil sur la carte géographique suffira pour nous convaincre que le Karabagh Arménien ainsi que les régions montagneuses de Zanguezour et d'Elisavetpol ne forment qu'un seul bloc avec les provinces de Sevan, d'Ararat et celles de la Haute Arménie, qu'elles constituent une unité organique qui ne saurait, sans de graves préjudices être partagée en deux. Une analyse *tant soit peu superficielle* suffirait pour établir que cette région de montagnes n'a aucun rapport soit physique soit économique avec la plaine qui s'étend d'Elisavetpol à la Mer Caspienne et qui porte le nom d'Aderbaidjan.

II. — La Vallée de l'Arax et sa formation physique

La vallée de l'Arax ne forme qu'une minime partie du terriroire arménien du Caucase. En effet, elle n'occupe que 6.000 kilomètres carrés de ce terriroire. Au point de vue climatique elle se trouve sous l'influence directe des hauts plateaux qui l'entourent, se trouvant elle-même à une altitude de 800 à 1000 mètres au-dessus du niveau de la mer, tandis que les plaines de l'Aderbaidjan ne sont qu'à une altitude d 200 à 300 mètres.

La vallée de l'Arax, jusqu'au Zanguezour, forme la grande route à travers les montagnes de l'Arménie ; elle prend tous les caractères des pays montagneux et n'a de rapport d'aucune sorte avec la plaine qui s'étend vers la Mer Caspienne. Elle ressemble plutôt aux vallées suisses du Rhône, de l'Aar ou du Limat, qui prennent les traits généraux de la nature montagneuse de la Suisse, comme l'Arménie, en général, ressemble à la Suisse au point de vue physique et géographique. Après avoir pris naissance au Mont Bingoel (dans la Haute Arménie), l'Arax parcourt l'Arménie, avec le Mont Aragatz à sa gauche et le Mont Ararat à sa droite. L'espace entre ces deux montagnes est occupé par la province de Sourmalou. En continuant son cours l'Arax atteint la chaîne du petit Ararat à sa droite, qui sépare l'Arménie de la Perse. A partir de ce moment, la rive gauche seulement de l'Arax forme la partie de l'Arménie en tant qu'une continuation naturelle et une descente graduelle de hauts plateaux arméniens. Ce terriroire est occupé par les districts de Charour, Nakhitchevan et Zanguézour. Dans ces régions l'Arax fraie son chemin toujours à travers les montagnes ; mais, après avoir traversé la province de Kariaghine, il quitte les montagnes et entre dans la plaine de Moughan ; c'est là que commence la plaine de l'Aderbaidjan, pays entièrement différent au point de vue physique, ethnographique et cultural et qui sous aucun rapport ne ressemble ni à l'Arménie montagneuse ni à la vallée de l'Arax.

III. — La Vallée de l'Arax comme ligne de communication

Profonde déchirure à travers les montagnes de l'Arménie, la Vallée de l'Arax constitue le plus important et, pour les régions du Nord, l'unique moyen de communication. C'est en utilisant cette artère que différentes parties de l'Arménie Septentrionale sont à même de communiquer entre elles ; c'est par l'Arax que Kars, Erivan et Alexandropol sont réunies. La ligne de chemin de fer entre Alexandropol et Erivan suit le cours de l'Arax. Le même Arax rattache Erivan à Nakhitchevan et à Zanguezour et, à travers Zanguezour, à tout le Karabagh arménien. D'autre part, la haute Arménie et la province de Vaspourakan (VAN) ne communique avec Erivan que par la Vallée de l'Arax. La soi-disant Arménie turque ainsi que celle de Russie se rattachent réciproquement par la vallée de l'Arax. Ainsi, la vallée de l'Arax à travers les âges forme un trait d'union entre différentes parties de l'Arménie.

Si les Arméniens étaient privés de la vallée de l'Arax jusqu'à Zanguezour, non seulement l'union des deux grandes parties de l'Arménie, celle de Russie et celle de Turquie, serait-elle brisée, mais aussi l'Arménie Russe serait dépourvue de tous les moyens de communication, les liens qui rattachent toutes ses parties l'une à l'autre seraient rompus et son unité organique définitivement brisée.

IV. — La Vallée de l'Arax au point de vue économique

Il est évident que la vallée de l'Arax, la voie de communication la plus importante de la Haute Arménie, est en même temps l'artère la plus vitale de la vie économique du pays. A travers cette vallée s'opère l'échange de produits entre les districts montagneux ; elle sert également à soutenir les relations économiques avec les nations voisines, notamment avec la Perse. D'autre part, l'Arménie, pays montagneux, ne possède que peu de terrains favorables à l'agriculture. La vallée de l'Arax est la seule partie du pays où les Arméniens peuvent pratiquer avec succès la culture subtropicale. Là seulement le sol arrosé par les eaux de l'Arax est fertile et permet de cultiver le coton et d'autres plantes de ce genre. Or, l'Aderbaidjan ne manque pas de territoires fertiles de ce genre, il n'a donc pas besoin de la vallée de l'Arax. D'ailleurs la vallée de l'Arax ne possède que 40.000 desiatines propres à être cultivées, tandis que l'Aderbaidjan en a 720.000, c'est-à-dire 18 fois de plus. Sans la vallée de l'Arax, l'Arménie, pauvre et arriérée économiquement, serait condamnée à être divisée en plusieurs unités et provinces montagneuses sans union entre elles. Une population de plus de 2 millions ne saurait vivre dans un tel pays. La population serait obligée d'émigrer et l'Arménie deviendrait bientôt un désert. Autrefois, Seljouks, Tartares, Persans et Turcs chassaient les Arméniens de leurs foyers, les massacraient et faisaient un désert de l'Arménie. De même aujourd'hui, les Tartares ayant envahi notre pays, en ayant saisi certaines parties et voulant découper le reste à leur fantaisie, le peuple arménien ne sera-t-il pas forcé d'abandonner son pays pour chercher ailleurs dans des pays étrangers les moyens de subsistance ?

La vallée de l'Arax est la seule sortie de la Haute Arménie ; son occupation par les Tartares ne signifierait pas autre chose que l'anéantissement d'une population de 2 millions ; par conséquent, le peuple et le gouvernement de l'Arménie ne sauraient s'y soumettre.

V. — La Vallée de l'Arax et la défense militaire de l'Arménie

Non seulement la vallée de l'Arax est-elle la voie de communication la plus importante de la Haute Arménie, l'artère vitale de la vie économique du pays, la partie indivisible de sa structure physique, elle est en même temps le seul moyen de la défense du pays. Il est impossible de s'imaginer une Arménie indépendante avec la vallée de l'Arax dans les mains des Tartares ou d'un autre état quelconque. Quiconque possédera la vallée de l'Arax de Zanguezour jusqu'à Sourmalou ou même jusqu'à Nakhitchevan sera maître du cœur même de l'Arménie, de l'Ararat et d'Erivan.

Erivan, capitale de la République Arménienne se trouve à proximité de Nakhitchevan et de Charour ; entre celles-ci et Erivan il n'y a pas d'obstacles naturels qui pourraient servir aux fins de la défense militaire. Au point de vue stratégique, la vallée de l'Arax n'est pas frontière de l'Arménie, mais son centre vital. Même à l'avenir, une autre ville devrait-elle devenir capitale de l'Arménie, Erivan resterait quand même le centre unique de l'Arménie septentrionale autour duquel se grouperont les Arméniens de Kars, de Kaghezvan, d'Alexandropol, de Pambak, d'Elisavetpol, de Lori, de Khazakh, du Karabagh Arménien, du Zanguezour montagneux, en tout une population d'environ 1.300.000. Pour toutes ces provinces, la vallée de l'Arax ainsi que la ville d'Erivan sont d'une importance vitale ; leur occupation par une autre puissance serait une menace éternelle pour l'indépendance de l'Arménie. En dehors de cela, la vallée de l'Arax est la route la plus importante, l'unique lien géographiqu qui rattache l'Arménie Russe à l'Arménie Turque. Sans cette vallée (au moins jusqu'au Zanguezour) l'idée d'une Arménie unie restera toujours un rêve irréalisable. Le désir de l'Aderbaidjan d'annexer la vallée de l'Arax s'explique par l'intention secrète d'empêcher les Arméniens, en coupant l'Arménie en deux, de réaliser leur unité territoriale. De cette façon d'agir, les Tartares escomptent une facile conquête de l'Arménie qui sera à la merci de leurs velléités d'expansion. En occupant la vallée de l'Arax jusqu'à Sourmalou ou seulement jusqu'à Charour, les Tartares de Moughan et de la Mer Caspienne sont à même d'exercer une pression vers l'ouest, d'affaiblir les Arméniens et de se joindre aux Turcs de l'Asie Mineure. De cette façon, le pantouranisme des Tartares joint au panturquisme peut menacer l'équilibre mondial et la paix, car il prépare un mouvement agressif pantouranien et panislamique ; ce que la Turquie s'efforçait d'atteindre pendant cette guerre avec l'aide de l'Allemagne et des Tartares du Caucase est ainsi en train de se réaliser.

Pour parer à cette perspective menaçante, il serait à souhaiter que les Tartares ne dépassent pas les limites de leur propre pays, l'Aderbaidjan, vaste plaine qui s'étend d'Elisavetpol et des abords du Karabagh arménien jusqu'à la Mer Caspienne. C'est pour ces raisons-là que la frontière de l'Aderbaidjan devrait nécessairement passer par le Gandzak montagneux (Elisavetpol), le Karabagh arménien et le Zanguezour montagneux, régions qui, au point de vue géographique, économique, ethnographique et cultural forment une partie indivisible de la Haute Arménie et qui, tels des remparts naturels, la protègent contre des attaques venant de la Mer Caspienne, du Daghestan ou du Turkestan.

VI. La Vallée de l'Arax au point de vue ethnographique

Le Gouvernement de l'Aderbaidjan, nonobstant toutes les considérations énumérées et qui établissent fermement notre droit aux deux districts en question, désire annexer ces deux districts de la vallée de l'Arax, Charour et Nakhitchevan, prenant pour prétexte la majorité insignifiante de la population musulmane. En faisant cela, le Gouvernement d'Aderbaidjan ne tient pas compte de ce que la vallée de l'Arax forme un tout organique avec les hauts plateaux qui l'entourent. Il veut, en se basant sur la majorité insignifiante de l'élément musulman, s'adjoindre ces deux provinces, et de cette façon pénétrer dans le cœur même de l'Arménie. Mais en mettant même de côté la question des hauteurs qui l'entourent et dont la vallée de l'Arax forme une partie naturelle, il suffit d'étudier les données ethnographiques dans les provinces limitrophes de la vallée de l'Arax pour se convaincre que les faits parlent en faveur de l'Arménie. Ainsi la province de Zanguezour a une population de 152.000 habitants dont 100.000 Arméniens, 50.000 Musulmans et 2.000 Chrétiens de nationalités diverses. La province de Nakhitchevan a une population de 136.000 habitants dont 54.000 Arméniens et 81.000 Musulmans (y compris un nombre considérable de Kurdes). La province de Charour a une population de 90.000 habitants dont 29.000 Arméniens, 58.000 Musulmans, 2.000 Kurdes et 1.000 Chrétiens de différentes nationalités. La province d'Erivan a une population de 205.000 habitants dont 107.000 Arméniens, 86.000 Musulmans et 7.000 Kurdes. La province d'Etchmiadzine a une population de 168.000 habitants dont 115.000 Arméniens, 41.000 Musulmans, 11.000 Kurdes et 1.000 de différentes nationalités. Les cinq provinces sus-nommées, limitrophes de la vallée de l'Araxe, ont une population globale de 751.000 âmes dont 405.000 Arméniens, 316.000 Musulmans, 20.000 Kurdes et 10.000 de différentes nationalités chrétiennes.

Nous ne faisons pas mention de la province de Novo-Bayazet ni de celle de Choucha situées sur les hauteurs dominant la vallée de l'Arax ; toutes les deux ont une grande majorité arménienne ; la province de Sourmalou située entre les montagnes arméniennes d'Aragatz et de l'Ararat a une majorité musulmane insignifiante. Ainsi la statistique nous démontre clairement la prédominance ethnographique de l'élément arménien dans la vallée de l'Arax où, à côté d'une population arménienne de 405.000, nous ne trouvons que 316.000 Musulmans. Tout cela, bien entendu, si nous considérons la vallée de l'Arax dans son unité naturelle et non pas découpée d'une façon artificielle. Il est à remarquer que ces chiffres nous sont donnés par l'organe de l'ancien gouvernement impérial de Russie (l'agenda officiel du Caucase) où la censure faisait de son mieux pour réduire au minimum les chiffres exacts de la population arménienne en vue d'étouffer chez les Arméniens toute velléité d'indépendance.

Il importe également de savoir que ces chiffres sont basés sur le vieux système administratif de la Russie, avec ses divisions artificielles, car si les provinces limitrophes de la vallée de l'Arax étaient divisées conformément aux conditions géographiques et ethnographiques du pays, nous obtiendrions pour les cinq provinces en question les chiffres suivants : 146.000 Arméniens et 309.000 Musulmans : ces chiffres aussi, nous les puisons aux mêmes sources officielles.

Les revendications de l'Arménie concernant la vallée de l'Arax, revendications basées sur les données ethnographiques, deviennent encore plus incontestables si nous tenons compte de ce que pendant les périodes tragiques de l'histoire arménienne, les tyrans de l'Orient se sont efforcés à maintes reprises de chasser les Arméniens de leur patrie séculaire. Ainsi, au début du XVIIe siècle, le monarque persan Shah-Abbas fit émigrer tous les Arméniens de la vallée de l'Arax à l'intérieur de la Perse. Le voyageur français bien connu, Tavernier, rapporte que 27.000 familles arméniennes, c'est-à-dire environ 200.000 Arméniens furent forcés par Shah-Abbas de s'établir dans Guilan seulement. Un nombre encore plus considérable d'Arméniens fut envoyé à Ispahan ; un troisième groupe fut dispersé entre Shiraz et Ispahan. Tout le pays situé entre Erivan et Tauris, fut complètement ruiné par Shah-Abbas pour le rendre inutilisable aux armées turques comme centre d'approvisionnement. Il voulut faire un désert de ce pays-là ; tous les habitants de Djoulfa furent déportés à l'intérieur de la Perse. (Jean-Baptiste Tavernier, *Les Six Voyages*, I, p. 44).

Après Shah-Abbas, jusqu'au premier quart du XIXe siècle, ce pays malheureux était la scène de guerres et de dévastations. C'est un fait bien connu que de terribles massacres furent perpétrés en Arménie pendant le règne des derniers monarques de Perse ainsi que pendant la guerre russo-persane de 1826-1828. Ce n'est qu'après le traité de Tourkmantchai que l'Arménie put mener une vie plus ou moins libre et que sa population atteignit les chiffres sus-nommés. Aujourd'hui, comme nous l'avons déjà dit, la population arménienne des cinq provinces limitrophes de la vallée de l'Arax : Zanguezour, Nakhitchevan, Charour, Erivan et Etchmiadzine se monte à 416.000, tandis que les Musulmans ne sont qu'au nombre de 309.000.

En se basant sur toutes ces considérations, le peuple et le gouvernement de l'Arménie estiment que la vallée de l'Araxe, jusqu'à Zanguezour, devrait former une partie intégrante de l'Arménie.

VII. — La Vallée de l'Arax au point de vue historique

La vallée de l'Arax a été pendant des siècles la scène de l'histoire arménienne. Autour de cette vallée se formait notre civilisation, notre vie politique d'autrefois ; c'est là que se trouvent les centres, les métropoles de la vie intellectuelle de l'Arménie. Là était située la ville de Vagharshabad, résidence de Tiridates le Grand, qui le premier s'est converti au christianisme. Là se trouvaient également Armavir, Artashat et Dwin. Cette vallée fut aussi le centre vers lequel gravitaient notre vie morale et religieuse. La célèbre cathédrale d'Etchmiadzine, siège du Catholicos, y fut fondée en 303. Cette cathédrale fut, à travers les âges, un sanctuaire pour tous les Arméniens de la Terre. C'est là que se trouve le centre de l'Eglise nationale arménienne.

De plus, c'est dans la vallée de l'Arax que l'art arménien s'est manifesté dans tout son éclat. D'admirables monuments historiques, de nombreux couvents, églises, tombes, inscriptions dont la plupart, après avoir traversé tant d'épreuves, ont été conservés jusqu'à nos jours, témoignent d'une puissante et riche civilisation arménienne qui s'épanouissait autrefois dans cette vallée. La vie économique était aussi florissante que la culture spirituelle. De nombreuses cités et villages prospéraient sur les bords de l'Arax. Tavernier, dans son ouvrage sus-nommé, parle des Arméniens comme du seul élément actif et constructeur de ces régions, peuple toujours augmentant en nombre, progressif et laborieux.

"Depuis Tocat jusqu'à Tauris, écrit-il, le païs n'est presque habité que par des chrétiens ; et comme ce large espace de terre est ce que les anciens appelloient la province d'Arménie, il ne faut s'estonner si dans les villes et dans la campagne on trouve cinquante Arméniens pour un Mahométan." (Tavernier, *Les Six Voyages*, I, p. 39).

Tel fut le passé de ce pays, et aujourd'hui, comme par le passé, après tant de vicissitudes et d'épreuves terribles, le peuple arménien y représente une grande force numérique et constitue le principal facteur de la vie économique et culturale. Pendant cette guerre, le peuple arménien a fait preuve d'une puissance politique et militaire considérables en défendant son pays contre les grandes armées turques qui envahirent le Caucase avec l'aide des Allemends et des Tartares du Caucase. Après avoir ainsi défendu leur pays, les Arméniens proclamèrent leur indépendance et établirent leur nouvelle capitale à Erivan, à la proximité de la vallée de l'Arax.

En se basant sur toutes les considérations énumérées, le Gouvernement de l'Arménie a la profonde conviction que la vallée de l'Arax jusqu'à Zanguezour doit incontestablement former une partie intégrante de l'Arménie.

IV

NOTE EXPLICATIVE SUR LA CONTROVERSE ENTRE LES RÉPUBLIQUES DE GEORGIE ET D'ARMÉNIE CONCERNANT LEURS FRONTIÈRES

Vers la fin de l'année 1918, la question de la possession du district d'Akhalkalak et de la partie méridionale de celui de Bortchalou, districts habités par les Arméniens et limitrophes au territoire de la République Arménienne, devint tellement aiguë qu'elle provoqua un conflit armé entre l'Arménie et la Georgie, deux pays dont le voisinage séculaire n'a jamais jusqu'alors été troublé par une effusion de sang.

Au printemps de 1918, quand les Arméniens seuls résistaient à l'invasion turque, les Georgiens, avec l'aide des forces militaires allemandes, profitant du désarroi des Arméniens, occupèrent la partie méridionale du district de Bortchalou appelée Lori, habitée exclusivement par les Arméniens. Le Gouvernement Arménien a protesté à la date du 22 octobre contre cet empiètement. La réponse du Gouvernement georgien fut que l'occupation n'aurait qu'un caractère provisoire, en attendant une décision définitive par entente réciproque basée sur le principe ethnographique· Mais le Gouvernement georgien, en dépit de ses engagements formels eut recours à des mesures vexatoires et à une persécution systématique en vue de dépeupler ces provinces de l'élément arménien. Il procéda, entre autre, au recrutement des Arméniens dans les rangs de son armée. Irritée, outragée, poussée à bout, la population arménienne de Lori se révolta contre le gouvernement georgien.

Bientôt après le commencement des opératfons de guerre entre l'Arménie et la Georgie, quand les armées arméniennes chassèrent les armées georgiennes hors des régions contestées, les représentants de la France et de l'Angleterre s'interposèrent et mirent fin au conflit armé, en décidant les deux parties à soumettre leur différend à la Conférence de la Paix ; le territoire en question fut occupé par les troupes britanniques.

Vu que la Haute Assemblée au cours de ses délibérations sur le statut politique de l'Arménie aura aussi à trancher la question litigieuse des frontières entre l'Arménie et la Georgie, la Délégation Arménienne a l'honneur de lui soumettre la description suivante de la frontière projetée entre l'Arménie et les ex-possessions russes de la Transcaucasie (c'est-à-dire l'Aderbeidjan et la Georgie), en même temps que ses explications à ce sujet.

Le principe ethnographique a servi de base à ce projet de délimitation. On ne s'est départi de ce principe que dans des cas exceptionnels, là où, par suite des conditions topographiques, tant pour l'Arménie que pour les Etats voisins, il y avait nécessité absolue de le faire. Du mont Kara-Kaya (9.351), la frontière, au lieu de passer par la limite administrative du district d'Akhalkalak, est tracée sur une chaîne naturelle qui passe par les hauteurs Tskhra-Tskharos-Mta (8.807) et Sakvelos-Mta (9.221). Le petit morceau enclavé d'environ 150 kilomètres carrés est exclusivement habité par une population arménienne de 1.100 âmes. Si ce morceau était compris dans les limites du district de Gori et du Commissariat de Borjom, c'était pour la commodité des biens du Grand Duc Michel Nicolaevitch à Borjom, qui s'étendaient jusqu'au lac Tabitzkhour.

La frontière projetée coupe, en faveur de l'Arménie indépendante, à l'angle Nord-Ouest du district de Bortchalou, un emplacement rectangulaire du territoire mesurant approximativement environ 600 kilomètres carrés, parce que sur cet emplacement se trouvent trois communes rurales comptant une population de 18.000 habitants, dont 10.000 Arméniens et 8.000 Grecs. Comme les Grecs sont fixés sur la partie périphérique de cet emplacement, ils peuvent, s'ils le désirent, passer avec la région qu'ils habitent à la Georgie, voisine limitrophe. De par ces conditions topographiques et économiques, cet emplacement (Tsalka) n'est que la continuation naturelle du plateau d'Akhalkalak.

Dans la partie restante du district de Bortchalou et de celui de Kazakh, la frontière est tracée conformément au principe ethnographique avec inclusion de quelques milliers de Musulmans (5.000) dans la partie occidentale du district de Bortchalou, et cela parce que ce territoire par sa topographie et ses conditions économiques, n'est que la continuation naturelle du plateau de Lori.

Il faut noter que la population arménienne prédominante s'étend dans la direction du Nord à partir du district de Bortchalou jusqu'à Tiflis même (trapèze : les villages de Bolnis et Daghet-Katchin, la ville de Tiflis, les villages Kodi, Koudro) ; à Tiflis même la population arménienne a une supériorité relative.

Quant au district d'Akhalkalak et à la partie méridionale du district de Bortchalou qui constituent le sujet de contestation avec la Georgie, il ne faut pas perdre de vue que de toutes les parties de l'Arménie historique, le gouvernement d'Erivan, la partie limitrophe du gouvernement d'Elisavetpol (partie Sud-Ouest) et la partie méridionale du gouvernement de Tiflis (le district d'Akhalkalak et une partie de celui de Bortchalou) sont précisément celles dont la population arménienne est la plus dense.

Dans les limites sus-nommées, la population arménienne forme la majorité absolue. Le district d'Akhalkalak et la partie méridionale de celui de Bortchalou forment la continuation immédiate du district d'Alexandropol (Gouvernement d'Erivan) où l'élément arménien constitue presque le 100 % de la population. Tous ces districts sont homogènes au point de vue topographique, leurs conditions économiques se ressemblent de très près ; quant au point de vue géographique, ils sont tellement liés l'un à l'autre que tout partage du territoire sus-nommé ne serait qu'artificiel et porterait un grand préjudice au peuple arménien en général, et au point de vue économique.

Vu que le principe ethnographique doit servir de base à la libre disposition des peuples d'eux-mêmes, il est à noter que dans la partie contestée du district de Bortchalou, ainsi qu'en Pambak (la partie limitrophe du district d'Alexandropol), il y a 105.000 Arméniens, 15.000 Musulmans, 1.150 Georgiens et 13.000 d'autres nationalités ; en d'autres termes, 85,81 % d'Arméniens et seulement 0,85 % de Georgiens.

Dans le district d'Akhalkalak, y compris Tsalka, il y a 82.000 Arméniens, 9.000 Musulmans, 7.400 Georgiens et 8.000 d'autres nationalités, c'est-à-dire 77,35 % d'Arméniens et 6,97 % de Georgiens.

Au point de vue économique, le territoire contesté n'offre pour la Georgie qu'un intérêt limité, notamment dans le sens de l'exploitation des pâturages alpins par les éleveurs de moutons (surtout par ceux du district de Signakh, Gouvernement de Tiflis) qui y conduisent leurs troupeaux chaque été. La partie la plus fertile de la plaine de Bortchalou se trouve dans les limites de la Georgie.

Les habitudes nomades de l'élevage dans ces contrées deviennent pourtant de plus en plus circonscrites et cèdent place aux nouvelles formes d'économie rurale, grâce surtout au progrès de la technique agricole et à cause du préjudice que portent à la population rurale les migrations périodiques des troupeaux. Ce processus se développe en Georgie naturellement, sans ébranlements économiques, car les paysans éleveurs de moutons ont en même temps une excellente culture de blé, ayant chacun un lot de terrain largement suffisant ; plusieurs d'entre eux possèdent aussi des vignobles.

Pourtant, en envisageant impartialement ces questions d'intérêt économique, il faut aussi tenir compte des intérêts de la population arménienne des districts d'Akhalkalak et de Bortchalou qui habitent les contrées limitrophes de ces champs et pâturages alpins. Les Arméniens de ces districts (exception faite de quelques communes rurales situées autour de Choulaver) s'adonnent à l'agriculture sur les terrains montagneux peu fertiles, et n'ayant que de petits lots de terrain à cultiver, l'élevage forme la source la plus importante de leurs revenus. Or, cet élevage n'est guère praticable que grâce à la proximité des pâturages alpins.

Conformément aux lois de l'évolution agricole qui dans l'exploitation des pâturages alpins tend à leur faire rapporter le maximum possible, l'élevage nomade, dans les intérêts de l'économie d'Etat, doit céder la place à l'élevage aux formes fixes et sédentaires dont la Suisse nous offre un exemple. C'est au peuple arménien de ces contrées, à la population fixe, qu'incombe la mission civilisatrice dans les déserts alpins, et non pas aux éleveurs de la Georgie qui y conduisent leurs troupeaux des pays distants de 100 à 200 kilomètres pour utiliser ces pâturages pendant deux ou trois mois par an et pour les laisser après dans l'état préhistorique où ils les avaient trouvés, jusqu'à l'été suivant. Les Arméniens de ces districts, au contraire, en y fixant leur domicile et devenant de ce fait peu à peu sédentaires, pratiquent l'élevage en grand et organisent l'exploitation des contrées montagneuses de leur pays d'une façon rationnelle et conforme aux enseignements de la science et de l'expérience européenne ; les entraver dans ce travail utile ne serait que nuire à la cause du progrès.

Il est de toute évidence que la Georgie, elle aussi, adoptera peu à peu dans ces montagnes les formes de l'élevage fixe, mais vu l'abondance des terrains fertiles dans les vallées de la Georgie, où se cultivent les plantes les plus précieuses,y compris le thé et l'oranger, cette question n'offre pas pour elle le même caractère d'importance primordiale que pour l'Arménie, pays montagneux par excellence.

Il appert de tout ce que nous avons démontré que le côté économique de la controverse se réduit aux difficultés passagères qu'éprouvent les éleveurs semi-nomades de la Georgie ; or, ceux-ci même sans la pression des nécessités d'ordre pratique, sont déjà en train de limiter graduellement leur mode d'élevage qui ne répond nullement ni aux conditions ni aux exigences économiques d'aujourd'hui.

D'ailleurs, cette contestation pourrait facilement être résolue ou au moins écartée par la voie de traités conclus entre l'Arménie et la Georgie ; elle ne nécessite nullement l'annexion par la Georgie d'un territoire qui au point de vue, soit géographique, soit ethnographique ou historique forme une partie intégrante de l'Arménie.

Les représentants de la Georgie insistent enfin sur l'importance de la partie contestée du district de Bortchalou au point de vue stratégique, notamment pour la défense de leur République en général et de Tiflis en particulier. Nous nous permettrons d'aborder ce problème pour étudier l'importance stratégique du même territoire pour la République Arménienne. L'Arménie étant un pays montagneux, le gouvernement de notre jeune République doit utiliser les montagnes en question pour organiser une solide ligne de défense et pour consolider et réaliser de cette façon l'idéal de la vie paisible et ordonnée pour lequel le peuple arménien a lutté et versé son sang pendant plusieurs siècles. Le plateau de Lori, avec l'étroit et profond ravin de Débéda-Tchaï, descend graduellement vers la plaine et se confond avec elle à la proximité de la frontière georgienne projetée par nous. Cette configuration de la zone frontière est la meilleure défense contre l'invasion de l'ennemi, comme l'a d'ailleurs démontré la récente guerre entre la Georgie et l'Arménie. La cession de ce territoire ne saurait être motivée autrement que par l'intention évidente d'affaiblir les frontières naturelles de l'Arménie. Cette cession n'offrirait d'ailleurs à la Georgie aucun avantage, car les Georgiens n'y forment que 0,85 % de toute la population ; les Arméniens qui y sont en majorité absolue, voulurent en 1918, les armes à la main, la réunion du territoire à la République-Mère ; leurs sentiments envers les Georgiens y sont nettement hostiles.

L'histoire nous montre le territoire contesté faisant partie du royaume d'Arménie sous le nom de Gougargh : après la dissolution de la Grande Arménie les districts de Bortchalou (Lori) et d'Akhalkalak ainsi que Pambak font partie du royaume de Lori (ou de Tashir) fondé par le prince Arménien Gourghène, fils d'Achot III (951-977), branche des Bagratides. Le couvent arménien de Sanaïne avec sa bibliothèque (dans Lori) Akhpat et une grande quantité de ruines monumentales des temples dispersées par tout le pays (dont plusieurs ont été étudiées et décrites par les savants et voyageurs européens) démontrent clairement que ce pays avait été un des centres de la culture nationale arménienne.

Le district d'Akhalkalak passa au XIᵉ siècle à la Georgie et faisait partie de la Meskhetie ; mais cette province se rendit indépendante de la Georgie au XIVᵉ siècle et forma l'état souverain de Saatabeko. En 1625, ce pays fut conquis par les Turcs qui y formèrent la pashalique d'Akhalzykh ; grâce à la propagande et à l'immigration musulmane, les chrétiens étaient forcés de quitter le pays en masses.

De cette façon, pendant plus de deux siècles, le district d'Akhalkalak fut gouverné par les Turcs sur lesquels il fut conquis par la Russie en 1828. Cette conquête fut consolidée par le traité d'Adrianople. Bientôt après commença une intense émigration de toutes les peuplades musulmanes : Turcs, Kurdes, Adjars, Tartares s'en allaient précipitamment. Au fur et à mesure qu'ils partaient leur place était prise par les Arméniens.

Telle est l'histoire de la formation dans ces pays contestés d'une population compacte arménienne ; elle fait reculer au second plan les revendications et les "droits historiques" de la Georgie.

Il appert de ce que nous avons démontré que le territoire des districts de Bortchalou et d'Akhalkalak, revendiqué par la Georgie, est étroitement lié à l'Arménie, aussi bien économiquement qu'aux points de vue ethnographique, géographique ou stratégique.

L'histoire nous démontre la solidité et la profondeur des liens qui rattachent la population de ces pays aux communes destinées du peuple arménien. Cette population qui habite depuis 25 siècles ce pays, se considère, comme le confirment d'ailleurs les événements de 1918, partie intégrante et indivisible de l'Etat arménien et ne saurait jamais se soumettre à un gouvernement georgien ; ce dernier a fait ses preuves en tolérant les massacres dans les villages arméniens de Lori et les horreurs dont les réfugiés d'Akhalkalak étaient témoins dans les montagnes georgiennes de Bakouriani.

La cession de ce territoire à la Georgie serait une menace éternelle, un obstacle perpétuel au rétablissement des relations de bonne amitié et d'entente fraternelle entre les Arméniens et les Georgiens créée par la commune histoire et par l'existence conjointe pendant plusieurs siècles.

La communauté de leur passé et de civilisation chrétienne, la communauté de leurs aspirations vers l'organisation de leurs pays sur les bases de la culture européenne appellent les représentants des deux pays vers une association amicale et étroite. Au nom de ce devoir sacré, dans le grand moment historique actuel, le gouvernement d'Arménie voudrait voir une telle solution de la question litigieuse des frontières, qu'elle ne laissât à l'avenir aucune trace de ressentiment dans l'âme du peuple arménien envers le peuple fraternel de la Georgie.

V

NOTE EXPLICATIVE CONCERNANT LA RÉPARTITION DE LA POPULATION DANS LES TROIS RÉPUBLIQUES DE LA TRANSCAUCASIE

Les Arméniens dans les limites de l'Aderbeidjan

Après la démarcation des frontières des trois républiques du Caucase, suivant notre memorandum, il reste encore environ 184.000 Arméniens sur le territoire de l'Aderbeidjan. Ils se répartissent comme suit :

1.	Dans la province de Noukha	26.000
2.	» » d'Elizavetpol . . .	17.000
3.	» » Areche	19.500
4.	» » Gueuktchaï	17.500
5.	» » Chamakha	22.500
6.	Dans la ville de Bakou et ses environs . .	77.500
7.	Dans les districts Djevat, Kouba, Lenkoran .	4.000
	Total :	184.500

Les Tartares dans les limites de l'Arménie

Le nombre des Tartares dans les confins de l'Arménie est approximativement de 499.000, répartis comme suit :

1.	Dans la province de Bortchalou . . .	9.600
2.	» » Kazakh.	9.000
3.	» » Elizavetpol . . .	16.000
4.	» » Djevanchir	17.000
5.	» » Choucha	30.000
6.	» » Zanguezour . . .	50.000
7.	» » Erivan	366.000
8.	» » Akhalkalak . . .	8.000
	Total :	506.000

NOTA. — Les Turcs du gouvernement d'Erivan et des districts de Kars et de Kaghezvan ne sont pas compris dans ces chiffres, car, n'étant pas Tartares, ils n'ont pas de rapport avec l'Aderbeidjan.

Si le Karabagh Arménien et les parties arméniennes des districts d'Elisavetpol et de Kazakh devaient passer sous la domination de l'Aderbeidjan, nous perdrions par ce fait 355.000 Arméniens de plus, répartis comme suit :

1.	Dans la province de Kazakh.	61.000
2.	» » Elizavetpol	52.000
3.	» » Djévanchir	22.000
4.	» » Choucha	98.000
5.	» » Kariaguine	22.000
6.	» » Zanguezour	100.000
	Total :	355.000

En ajoutant ces chiffres à ceux des Arméniens habitant actuellement l'Aderbeidjan, nous obtenons un total de 539.000 Arméniens sous la domination du Gouvernement de l'Aderbeidjan. D'un autre côté, le nombre des Tartares demeurant dans les limites de l'Arménie actuelle diminuera de 123.000, de telle façon qu'il ne resterait en Arménie que 383.000 Tartares.

En dehors de cela, environ 300.000 Arméniens résident sur le territoire de la Georgie. De cette façon nous obtiendrions le chiffre de 539.000 Arméniens pour l'Aderbeidjan et de 300.000 Arméniens pour la Georgie : en tout, il resterait 839.000 Arméniens sur les territoires de ces deux républiques voisines, tandis que sur le territoire de notre propre pays nous n'aurions que 8.000 Georgiens et 384.000 Tartares.

Si, au contraire, il devait être donné suite au projet de délimitation des frontières exposé dans notre rapport, nous obtiendrions ce qui, aux points de vue historique, géographique et ethnographique appartient de droit à l'Arménie, et dans ce dernier cas nous aurions sur le territoire de l'Arménie 8.000 Georgiens et 506.000 Tartares. Par contre, nous laisserions environ 184.000 Arméniens à l'Aderbeidjan et 300.000 à la Georgie, ce qui fait au total 484.000.

D'un autre côté, l'Aderbeidjan a abandonné à la Georgie environ 70.000 Tartares, tandis que les Georgiens n'ont qu'un très petit nombre de leurs co-nationaux habitant l'Aderbeidjan, y compris quelques milliers à Bakou et à Elizavetpol.

En d'autres termes, les Georgiens abandonnent en dehors de leurs confins à peine 2 %, les Tartares 23 % et les Arméniens 27 % de leurs co nationaux. Priver l'Arménie d'un nombre encore plus considérable d'Arméniens ne serait autre chose que la création d'une Arménie sans Arméniens.

VI

LA SITUATION ACTUELLE DE L'ARMÉNIE CAUCASIENNE

Note basée sur les Rapports Officiels du 20 Mars 1919

Après l'armistice général, lorsque la place des Turcs en retraite fut prise par les soldats alliés, le peuple arménien pensa, pour un moment, que dorénavant il pourrait respirer librement. Ses sacrifices de quatre années de guerre et surtout l'héroïque résistance contre toute une armée turque sur le front caucasien au cours de la dernière année inspiraient aux Arméniens l'espoir que dorénavant les conditions de la vie en Arménie allaient subir d'heureux changements. Malheureusement, les événements qui s'ensuivirent ne prouvèrent que de trop que les espoirs des Arméniens n'étaient pas justifiés ; l'état de choses en Arménie continue d'être alarmant.

I. — La situation politique et militaire

En Décembre 1918, après l'occupation du Caucase par les troupes alliées, les autorités militaires alliées proclamèrent que dorénavant tous les peuples du Caucase devaient arrêter les opérations militaires. Les Arméniens obéirent à cet ordre dans l'espoir que la Conférence de la Paix saurait rendre justice et redresser les torts qu'ils ont subis. Mais les autres peuples caucasiens qui avaient adopté l'orientation turco-germanique et pour cette raison étaient en train de faire la guerre à l'Arménie, n'arrêtèrent point leurs opérations militaires. Ainsi le Karabagh Arménien qui sut maintenir son indépendance et son gouvernement populaire au cours même de la grande invasion turque de Juin-Septembre 1918, tomba au mois de Janvier dans les mains de l'Aderbaidjan. Le Zanguezour montagneux, où pas un Tartare ou Turc n'avait mis le pied, le Kazakh arménien et le Gandzak montagneux subirent le même sort. Le gouvernement de l'Aderbaidjan désigna un gouverneur général pour ces deux districts. Le commandant des forces alliées demanda aux Arméniens de reconnaître ce gouvernement imposé par l'Aderbaidjan malgré les protestations du Conseil National Arménien de la province.

De cette façon, les six districts montagneux : Kazakh, Gandzak, Choucha, Djévanchir, Kariaghine et Zanguezour où la population arménienne compte 355.000 âmes, tandis que le nombre des musulmans n'y est que de 122.000, tombèrent sous le joug de l'Aderbaidjan au moment même où les Alliés faisaient leur entrée au Caucase.

La Vallée de l'Arax, la seule artère vitale et l'unique moyen de communication de l'Arménie a été transformée par les Musulmans en un champ de bataille et cela nonobstant les ordres formels du Commandement Allié de suspendre toutes les opérations de la guerre.

Poussés par les officiers turcs et agents du Gouvernement de l'Aderbaidjan, les Musulmans de cette province proclamèrent Nakhitchevan, situé dans la vallée de l'Arax, état indépendant. On est en train d'ouvrir le même complot dans la partie occidentale de la vallée de l'Arax, district de Sourmalou, par lequel l'Arménie Russe se rattache à l'Arménie Turque.

Les districts de Kars, de Kaguesvan et d'Olti, situés au nord de l'Arax, devraient, d'après une convention entre le Commandement Allié et le Gouvernement de la République Arménienne, être incorporés dans l'Etat Arménien. Mais ici comme ailleurs, les indigènes Musulmans avec l'aide de l'armée turque qui était restée sur place malgré les termes de l'armistice, proclamèrent leur indépendance et constituèrent un gouvernement composé de militaires turcs déguisés et de leurs alliés et agents caucasiens ; considéré comme un fait accompli, ce gouvernement fut reconnu par le Commandement Allié.

Les gouvernements musulmans sus-nommés prétendent être des états séparés et indépendants, mais en fait, ils ne sont que des parties d'un vaste plan de domination musulmane. De cette manière, des troupes turques déguisées, leurs agents et les Tartares du Caucase s'efforcent d'encercler l'Arménie du Caucase par le moyen d'une chaîne formée d'autant d'états musulmans, en vue d'arriver de ce côté vers le cœur de l'Arménie, l'Ararat, et d'autre part séparer la population arménienne du Caucase d'environ 1.860.000, des vilayets de l'ancienne Turquie. C'est le même projet pantouranien que le gouvernement turc s'efforçait de réaliser au cours de cette guerre avec l'aide de l'Allemagne, projet notamment de rattachement de l'Asie Mineure aux provinces du Caucase habitées par les Tartares et par celles-là au Daghestan, aux provinces caspiennes et finalement au Turkestan ; de là, le pantouranisme saurait s'infiltrer d'un côté vers le Volga, de l'autre vers l'Afghanistan et l'Inde. C'est contre ces menées que le petit mais héroïque peuple arménien s'était élevé pour défendre non seulement sa propre cause, mais aussi celle des Alliés. Mais actuellement, malgré la présence des troupes alliées, malgré la chute irrévocable de la domination turco-germanique, ce projet pantouranien se trouve en voie de réalisation.

Les Arméniens seraient à même de continuer la lutte contre les menées des pantouranistes. Des trois républiques du Caucase, l'Arménie est la seule qui sut conquérir son indépendance par ses propres moyens. Tandis que la Georgie fut protégée et soutenue par les troupes allemandes, pendant que l'Aderbaidjan sans l'aide apportée par les Turcs aurait été condamné à une chute irrémédiable, l'Arménie sans secours du dehors, dépourvue de toutes les ressources militaires venant de l'étranger, sut résister victorieusement aux forts détachements turcs et tartares, et, en maintenant son indépendance, frustrer toutes les machinations des pantouraniens. Comme nous l'avons dit, les Arméniens auraient su continuer cette lutte si ce n'avait été l'interdiction formelle imposée par le Commandement Allié. Obéissant à cette interdiction, ils suspendirent les opérations de la guerre. Actuellement ils en sont réduits à observer en témoins passifs les ennemis des Alliés et du peuple Arménien, pendant que ces derniers sont en train de se fortifier en présence même des forces Alliées.

II. — Le Problème du Ravitaillement

La situation actuelle de l'Arménie devient de plus en plus critique à cause de l'insuffisance des stocks de blé et de tous les objets nécessaires à la vie. Des trois Républiques récemment constituées au Caucase, l'Arménie est celle dont la situation géographique est la moins favorable. La Georgie se trouve en contact immédiat avec le Caucase du Nord, riche en toutes sortes de produits, et d'où elle reçoit le blé. L'Aderbaidjan, plaine fertile et riche, se suffit à lui-même. L'Arménie, au contraire, est d'un côté un pays montagneux, et de l'autre, séparée du monde extérieur, elle ne peut entrer en rapports immédiats avec le Caucase du Nord.

En dehors de cela, les stocks de blé qui se trouvaient dans notre pays ont été pillés par les Turcs pendant leur invasion et emportés par eux au moment de leur retraite générale, conséquence de l'armistice de Novembre 1918. Ce butin est maintenant amassé à Kars et à Ardahan où des Turcs déguisés ainsi que des indigènes musulmans ont constitué un gouvernement indépendant.

En plus de cela, le ravitaillement de notre pays devient de plus en plus difficile car nous manquons des moyens de transport. De toutes les Républiques formées au Caucause, l'Arménie reçut, pendant le partage des biens laissés par le Gouvernement Russe, l'héritage le plus insignifiant. Les chemins de fer, les wagons en particulier, restèrent aux Georgiens, aux Tartares. Kars fut occupé par les Turcs. Après leur retraite, l'Arménie pouvait espérer recevoir au moins les wagons qui avaient été emportés à Kars, mais les machinations des Turcs réussirent à tel point que les Arméniens ne purent rien obtenir, malgré la présence au Caucase des troupes alliées, et nonobstant le fait que les biens laissés par le Gouvernement Russe étaient dûs à l'industrie créée par le peuple arménien, et à son labeur à lui aussi. A la suite de cette insuffisance des moyens de transport, les secours en ravitaillement envoyés par les Etats-Unis d'Amérique, n'arrivent en Arménie qu'avec de grandes difficultés. Quoique la famine ait quelque peu diminué grâce à l'assistance généreuse apportée par les Etats-Unis, la misère causée par les faits énumérés, continue à régner dans notre pays.

„Nous avons besoin de vingt wagons de blé au moins par jour, nous écrit notre Président du Conseil des Ministres, M. Kadjaznouni, à la date du 20 Mars 1919, tandis que pour ces trois derniers mois nous n'avons reçu de l'étranger que 30 wagons de blé en tout et pour tout. Nos soldats doivent passer des journées entières sans pain ; ils sont dépourvus de souliers et de vêtements."

Il appert de tout cela que notre tâche principale, celle de la défense de notre pays, ne saurait être organisée dans de pareilles circonstances avec chances de succès ; il est également compréhensible que les machinations des Pantouraniens se développent à leur aise dans cette atmosphère trouble.

III. — Le Problème des Réfugiés

La migration de notre peuple causée par la guerre a pris des proportions ininconnues jusqu'alors dans n'importe quel autre pays. Puisque les soldats turcs massacraient la population pacifique ainsi que les combattants, les habitants de tous les villages dans la zone de la guerre étaient forcés de fuir leur pays jusqu'au dernier homme.

Pendant les deux premières années de la guerre (1914-1915) plus de 400.000 Arméniens traversèrent la frontière turque du Caucase. La plupart d'entr'eux s'établirent au cœur même de l'Arménie du Caucase, la plaine de l'Ararat.

Le peuple arménien du Caucase, au milieu de la grande tourmente de la guerre, était obligé de procurer des abris, de la nourriture et du travail à des centaines de milliers de réfugiés.

Pendant la dernière année de la guerre, en 1918, après la retraite de l'armée russe du Caucase et l'invasion par les Turcs, de grandes migrations des peuples eurent lieu à l'intérieur du Caucase. Ainsi, de la région de Kars émigrèrent environ 120.000 Arméniens, de celle d'Alexandropol 120.000, d'Etchmiadzine et Sourmalou 80.000, d'Erivan, Charour et Nakhitchavan 95.000, d'Akhalkalak et d'Akaltzik 110.000 ; en tout environ 585.000 Arméniens. Dans ce nombre ne sont pas compris les réfugiés de Noukha, Aresh, Chemakha, Geugtchai et Bakou, en tout environ 100.000, dont le gouvernement arménien doit pareillement prendre soin. La plupart de ces 580.000 réfugiés étaient également établis dans la plaine d'Ararat. Les difficultés de ravitaillement prenaient des proportions incommensurables. Le pays, en proie à une grave crise militaire et politique devait assumer encore cette nouvelle charge, pourvoir au ravitaillement non seulement de sa population indigène, mais aussi de plusieurs centaines de milliers de réfugiés et combattre en même temps les épidémies qui suivirent de près les migrations. La République Arménienne pouvait espérer qu'après la retraite des Turcs et l'arrivée des forces alliées il aurait été possible de renvoyer les réfugiés dans leurs foyers ; il n'en était rien.

Nonobstant les démarches réitérées de la Délégation Arménienne, les Puissances Alliées n'ont jusqu'à présent rien fait pour rétablir les réfugiés dans leurs foyers détruits, soit en Arménie turque, soit au Caucase. La plupart des champs de notre pays sont pour la deuxième fois restés sans culture ; notre peuple errant, sans abri, continue à être décimé par la faim et différentes épidémies.

Ce qui est encore plus pénible, c'est que la plus grande partie de l'Arménie proprement dite, depuis l'Arax jusqu'à Van, Erzeroum, Mouch, Sivas, jusqu'à la Cilicie se trouve entre les mains des Kurdes, Mouhadjirs, conformément aux instructions des Jeunes Turcs.

A partir de la frontière du Caucase et celle de la Perse jusqu'aux vilayets arméniens, les Kurdes déploient une activité fiévreuse en s'efforçant de former un état Kurde sur le sol même de l'Arménie. Pour pouvoir créer une majorité, ils font tout leur possible pour transplanter en Arménie les tribus Kurdes habitant les pays limitrophes. Le petit-fils du chef Kurde notoire Abdullah Mahmed Sudki, qui auparavant résidait à Van et qui jouit d'une grande influence parmi les tribus Kurdes est parti pour la Perse où il a fixé sa résidence dans la province de Jarou en vue de pousser les tribus kurdes vers une émigration en Arménie. La tribu de Jelal, au nombre de plus de mille familles, qui habitait en partie la Russie et en partie la Perse, a déjà immigré dans la province de Van et est en train de s'établir dans des villages arméniens. Les tribus d'Arousan qui habitaient le Khanat de Makhou (en Perse) viennent de s'établir dans la région d'Ardjak et de Karakonis, dans la province de Van. Le fils d'Ali Khan, Simko qui, pendant la guerre, avait organisé de terribles massacres parmi les Arméniens et Assyriens et de sa propre main avait assassiné le chef religieux des Assyriens, est également venu s'établir en Arménie, accompagné de milliers de sa tribu.

De cette façon, il devient tous les jours de plus en plus difficile de renvoyer les réfugiés Arméniens chez eux. Il est triste de constater que la condition du peuple arménien est pire aujourd'hui qu'elle n'avait été avant l'armistice ; elle pourrait devenir désespérée si les mesures suivantes n'étaient adoptées avant qu'il ne soit trop tard.

I. Il faut désarmer dans un délai aussi court que possible les Turcs et les Tartares se trouvant au Caucase et sauver les provinces arméniennes du Karabagh, de Nakhitchevan, d'Akhalkalak et de Kars du péril musulman qui n'est autre chose que la continuation du péril turc.

II. Il faut occuper militairement dans un délai aussi court que possible, les vilayets arméniens de la Turquie et donner des facilités aux réfugiés arméniens afin qu'il puissent rentrer chez eux et reprendre leur travail de reconstitution.

III. Si une occupation militaire de l'Arménie par les troupes alliées était impossible, nous faisons un nouvel appel aux Etats-Unis afin qu'ils occupent ces provinces avec l'aide des contingents de volontaires et des troupes de la République Arménienne.

IV. Il faut reconnaître la République Arménienne comme un noyau de l'Arménie Unie et en faire une base politique et militaire pour la formation d'une Arménie intégrale.

V. Il faut garantir les frontières Nord, Ouest et Est de la République Arménienne contre les invasions des Tartares et des Georgiens, non seulement parce que ces provinces revendiquées par eux sont incontestablement arméniennes aux points de vue historique et géographique, mais aussi pour la bonne raison que si ces provinces nous étaient enlevées nous serions privés de leur élément viril arménien d'environ 505.000 âmes ce qui signifierait, après tant de massacres, un coup de grâce pour la cause arménienne.

NNE

RÉPUBLIQUE ARMÉNIENNE

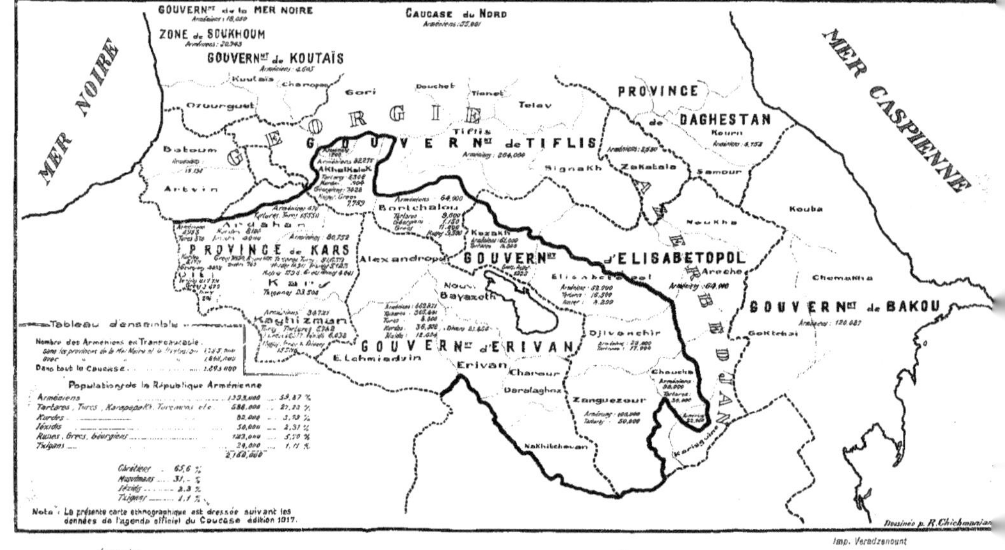

DÉLÉGATION
À LA
CONFÉRENCE DE LA PAIX

RÉPUBLIQUE DE L'ARMÉNIE

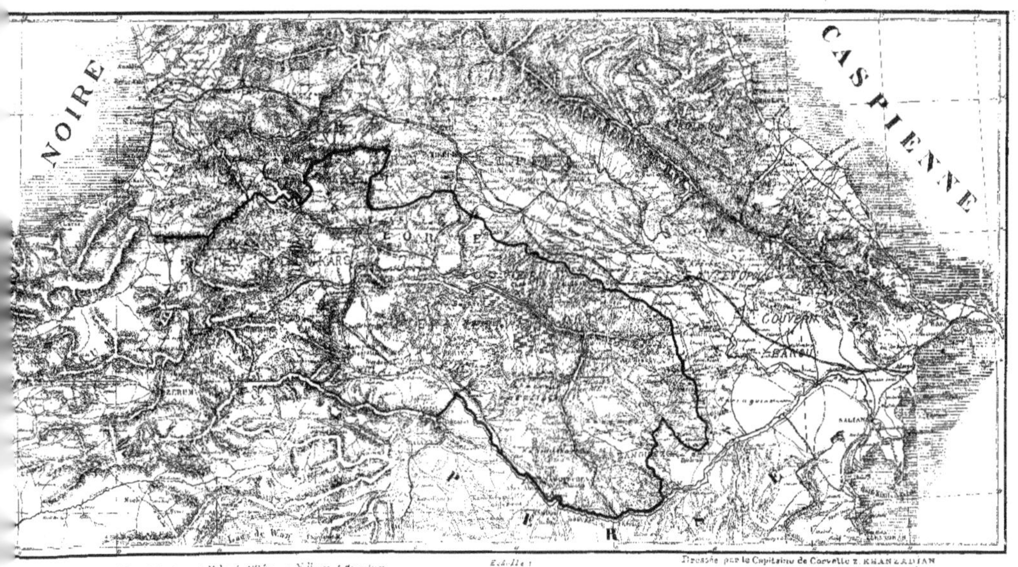

Légende: Villes principales, Villes fortifiées, Villages, Monastères
Chemins de fer, Routes

Échelle

Dressée par le Capitaine de Corvette Z. KHANZADIAN
d'après les instructions du Général NAZARPÉKIAN
Commandant en Chef de l'Armée de la RÉPUBLIQUE ARMÉNIENNE

www.ingramcontent.com/pod-product-compliance
Lightning Source LLC
LaVergne TN
LVHW052014160826
845678LV00003B/1050

9782329659251